BEI GRIN MACHT SICH IHR WISSEN BEZAHLT

- Wir veröffentlichen Ihre Hausarbeit, Bachelor- und Masterarbeit

- Ihr eigenes eBook und Buch - weltweit in allen wichtigen Shops

- Verdienen Sie an jedem Verkauf

Jetzt bei www.GRIN.com hochladen und kostenlos publizieren

Bibliografische Information der Deutschen Nationalbibliothek:

Die Deutsche Bibliothek verzeichnet diese Publikation in der Deutschen National-
bibliografie; detaillierte bibliografische Daten sind im Internet über http://dnb.d-
nb.de/ abrufbar.

Impressum:

Copyright © 2015 GRIN Verlag, Open Publishing GmbH
Druck und Bindung: Books on Demand GmbH, Norderstedt Germany
ISBN: 9783668225732

Dieses Buch bei GRIN:

Http://www.grin.com/de/e-book/323416/grundlagen-der-mediensemiotik

Anna Maucher

Aus der Reihe: e-fellows.net schüler-wissen

e-fellows.net (Hrsg.)

Band 1603

Grundlagen der Mediensemiotik

Zusammenfassung in Stichpunkten

GRIN Verlag

GRIN - Your knowledge has value

Der GRIN Verlag publiziert seit 1998 wissenschaftliche Arbeiten von Studenten, Hochschullehrern und anderen Akademikern als eBook und gedrucktes Buch. Die Verlagswebsite www.grin.com ist die ideale Plattform zur Veröffentlichung von Hausarbeiten, Abschlussarbeiten, wissenschaftlichen Aufsätzen, Dissertationen und Fachbüchern.

Besuchen Sie uns im Internet:

http://www.grin.com/

http://www.facebook.com/grincom

http://www.twitter.com/grin_com

Grundlagen der Mediensemiotik

Mitschriften

Anna Maucher
BA Medien und Kommunikation
Universität Passau

Inhaltsverzeichnis

Medien, Semiotik und Kommunikation

1. Medium
- Technische Dimension:
  Welche technischen Voraussetzungen hat man, um ein Medium umzusetzen?
  (z.b. Bild, Ton)
- Institutionell-soziale Dimension
- Semiotisch-textuelle Dimension:
  Bedeutung, die durch ein Medium transportiert wird (Inhalt)

- Ästhetik
- Theorie
- Geschichte

Medium ist ein technisches System der Zeichenübertragung und Infoweitergabe, das der Speicherung und Reproduktion kommunikativer Akte dient.

Medialität = Jedes Medium hat seine eigene Möglichkeit zur Darstellung z.b. Film durch Bilder
Medialität + Textualität = Modell

Mediensemiotik = interessiert sich für die Textualität, die Medialität und der Kulturalität von Produkten

2. Semiotik (Lehre der Zeichen)
Zeichen werden zur Kommunikation benötigt.

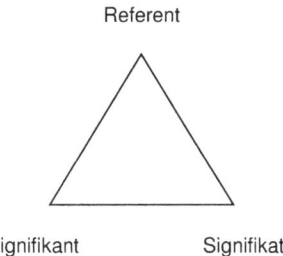

Referent

Signifikant   Signifikat

Vertreter:

- Ferdinand de Saussure (1857-1913)
- Charles Sanders Perice (18-1914)
- Charles Morris (1901-1979)
  - Foundation of the theory of signs
  - Signs, language and behaviour

2

- Umberto Eco (1932)

Semiotisierung = Ein Zeichen wird eingeführt

Semantisierung = Ein Zeichen gibt einem Objekt Bedeutung

Semiotische Strategien, um (Erotik-)Szenen, die man zu einer bestimmten Zeit noch nicht zeigen durfte, darzustellen, z.B. durch Musik.

Semiotische Grundlagen

Semiotik = Inter- und transdisziplinäres Fach, das sich mit Zeichen und zeichenhaften Äußerungen befasst.

Der Begriff für ein bestimmtes Zeichen (z.b. Tisch) ist wichtig, es kann zu Kommunikationsstörungen kommen, wenn sich diese Zeichen ändern (z.b. wenn man den Tisch plötzlich Stuhl nennt).

Zeichen = Materielle, sinnlich wahrnehmbare Dinge, die nicht für sich selbst stehen, sondern auf andere Dinge verweisen.

6 Klassen von Zeichen:

- Akustische Zeichen
- Graphische Zeichen, z.B: Zeichensysteme, Buchstaben
- Einfache ikonische Kodierungen, z.B. Verkehrsschilder, Fahrbahnmarkierungen
- Komplexe ikonische Kodierungen, z.b. Malerei, Comic, Film, Fernsehen
- Gestisch-mimische Zeichen, z.B. Gebärdensprache, Körperhaltung, Gesichtsausdrücke etc. =Kinesik (Gestik, Mimik, Proxemik=Raumverhalten von Personen)
- Komplexe kinetische/proxemische Zeichen, z.B. Rituale, Gottesdient, Tischsitten

Wichtige Begriffe:

- Signifikant – Signifikat
  - Mehrere Signifikanten können annähernd ein ähnliches Signifikat haben.
  - Ein Objekt kann nur dann ein Signifikant werden, wenn ihm tatsächlich Bedeutung zugewiesen wurde.

- Polysemie/Homonymie
  = Ein Signifikant kann **mehrere Signifikate** haben.
  z.b. aids:
  - Immunschwächekrankheit
  - Engl. Für „Hilfen"

- Denotation und Konnotation

  Signifikat = Denotation und Konnotation

  Denotation = meint die Kernbedeutung eines Begriffes. Sie ist kontextunabhängig. Die mit dem Zeichen gemeinte Sachbezeichnung, die direkte, unmittelbare Bedeutung eines Wortes, Satzes ode Textes.

  Konnotation = eine zusätzliche, kontextabhängige Bedeutung

1. **Komponenten eines Zeichensystems:**
   - Syntax (Relation von Zeichen zu einem anderen Zeichen)
   - Semantik (Relation von Zeichen und seiner Bedeutung)
   - Pragmatik (Relation von Zeichen und Zeichenbenutzern)

2. **Zeichen und Text**
   - Jeder Text ist ein Artefakt, etwas Gemachtes (insofern ist jeder Text empirisch gegeben)
   - Jeder Text ist ein in sich abgegrenztes Ganzes (Grundbestimmung: Gewebe)
   - Jeder Text hat, aufgrund von Kohärenz, Bedeutung (Signifikanten-Funktion)
   - Ein Text konstituiert sich aus Zeichen und ist als eine konkrete Manifestation eines Zeichensystems zu verstehen, als Auswahl und Kombination von Zeichen

3. **Jacobson: Sprachfunktionen**

   - **Emotive Sprachfunktion:** Der Sender teilt mit, wie er zu seiner Aussage steht, z.B. „Ach", „leider", „armer Tor" etc. (Faust)
   - **Konative Sprachfunktion:** Ausrichtung auf den Empfänger, um etwas zu bewirken z.b. Werbung, die andere ansprechen soll
   - **Referenzielle Sprachfunktion:** Beziehung auf den Redegegenstand, Liefern von Information, Daten, Fakten, z.B. Tagesschau
   - **Phatische Sprachfunktion:** Beziehung auf den Kanal/Medium, Herstellung und Erhaltung von Kommunikation, geringer Informationswert, z.B. Smalltalk
   - **Metasprachliche Sprachfunktion:** Verständigung über die Sprache, Kommunikation über Kommunikation, z.B. Talkshow: „Reden wir noch über das Selbe?"
   - **Poetische Sprachfunktion:** Struktur der Äußerung, Abweichung vom normales Alltagssprachgebrauch, aus der Abweichung resultierende neue Sprachordnung z.B. Gedichte, Metrum

Semiotische Grundlagen II/Semantik

1. Die poetische Sprachfunktion (nach Jakobson)

Die poetische (ästhetische) Funktion ist die Ausrichtung der Kommunikation auf den Text um seiner selbst willen.
In Äußerungen mit poetischer Funktion ist die Nachricht also „autoreflexiv", selbstbezüglich: Die Struktur der Äußerung, die konkrete textuelle Verfasstheit wird **informationshaltig**, wird zum Signifikanten eines sekundären Signifikats.

Prinzip 1: Abweichung von einem vorgegebenen System

Prinzip 2: Systematisierung/Funktionalisierung dieser Abweichung

Die poetische Funktion projiziert das Prinzip der Äquivalenz von der **Achse der Selektion** auf die **Achse der Kombination**: „eine organisierte Gewalt, begangen an der einfachen Sprache".

Bsp.: Richard Wagner, Siegfried:

W nterstürme w chen dem Wonnemond,
m m lden L chte leuchtet der Lenz.

Bsp.: Bild Hitler aus Adidas, Apple und Automarke

äquivalent = gleichwertige Merkmale werden als relevant, unterschiedliche als irrelevant angesehen

Kunst ist immer ein sekundäres System, das auch Zeichensystemen besteht und auch neue Zeichensysteme bildet.

Jeder Text hat einen Eigenwert und ästhetische Kommunikation heißt, dass die Struktur der Äußerung einen Eigenwert bekommt.

2. Textkonstituierung: Syntagma und Paradigma

Als **Paradigma** bezeichnet man eine **Klasse von Begriffen**, die unter einem bestimmten Merkmal, das dominant gesetzt ist, zusammengefasst werden. Über die Gemeinsamkeit des dominanten Merkmals hinaus divergieren die einzelnen Begriffe. Das Paradigma ist eine abstrakte Klassenbildung, die sich durch ihre wesentliche Merkmale definieren lässt (aber auch durch die Aufzählung der Begriffe, die unter ein Paradigma fallen).

Als **Syntagma** bezeichnet man eine **lineare Verknüpfung** bzw. allgemeiner eine **Anordnung**, bei der aus Paradigmen jeweils eine Alternative gewählt wird. Ein Syntagma ist also immer eine konkrete Realisation aus verschiedenen Paradigmen.

Bsp.: Abbildung vom Tod, der die Menschen holt

Syntagma = Rangordnung z.b. Adel zu Unterschicht (nach Klassen geordnet)

Äquivalenz = Alle Menschen sind sterblich

3. Ästhetische Kommunikation

Jurij M. Lotman. Die Struktur literarischer Texte. München 1972.

„Mediale Produkte sind sekundäre, modellbildende, semiotische Systeme."

- Textualität
- Medialität
- Kulturalität

Sekundär semantische Verfahren I

Kommunikation beruht häufig auf Umstrukturierungen, durch die sich in den Texten eine eigene (Welt-)Ordnung artikuliert.

Texte können sprachlich vorgegebene semantische Merkmale durch **Veränderung** des sprachlich vorgegebenen Beziehungsgefüges und dadurch durch die **Installierung veränderter Grenzziehungen** (ver-)ändern und modifizieren.

Semantische Relationen

Bedeutung konstituiert sich auch der Differenz von Signifikaten.
Zeichen bzw. Signifikate können in verschiedenen semantischen Relationen zueinander stehen.

- Synonymie
  Zwei oder mehr Signifikanten haben **annähernd dasselbe Signifikat**.
  Bsp.: Christian Wernicke: Wörterspiel (1701)

- Polysemie
  Ein Signifikant hat **zwei oder mehrere Signifikate** z.b. Bank (Geldinstitut oder Sitzgelegenheit)

- Korrelation
  Eine Korrelation liegt vor, wenn ein Text **eine Beziehung** (zwischen min. 2 Größen) als **überhaupt gegeben** setzt.
  Bsp.: Siegmund von Birken: Leben Tod, Tod Leben
  ➔ Leben mit Tod (1. Strophe), Tod mit Leben (2. Strophe)

- Opposition
  Zwei Signifikate stehen in Opposition, wenn sie einander **aufgrund ihrer Merkmale logisch ausschließen** (wenn sie also nicht zum selben Zeitpunkt über ein und dieselbe Größe ausgesagt werden können).
  Bsp.: Werbespot Mini-Driver und Nicht-Mini-Driver

- Asymmetrische Opposition
  Zwei (oder mehr) Signifikate stehen in asymmetrischer Opposition, wenn sie zwar logisch-semantisch qua System miteinander kompatibel und also auch mit einander kombinierbar wären, wenn sie aber in der **konkreten Äußerung als einander ausschließend behandelt werden**.
  Im Text wird ein Unterschied aufgebaut und zentral inszeniert, auch wenn es ihn kulturell so gar nicht gibt oder er kulturell gar nicht so groß, so relevant ist.
  Bsp.: Slogan „Böse – und deshalb richtig gut"
  ➔ Aufhebung der kulturellen Opposition

  Bsp.: Slogan „Reisen statt Fliegen" der DB Nightlife
  ➔ Hier wird eine Opposition zwischen Reisen und Fliegen aufgebaut

- Äquivalenz
  Zwei (oder mehr) Signifikate sind äquivalent, wenn die Äußerung/der Text ihre **gemeinsamen Merkmale als relevant** und ihre divergenten Merkmale als irrelevant setzt; gemeinsame Merkmale werden in der Äußerung also funktionalisiert und different Aspekte neutralisiert.
  Bsp.: Heinrich von Ofterdingen: Wenn ich soll wählen auf der Erde, wähl ich mir den Kaiser oder Dichter – beiden gehorcht die Welt. Denn was der Kaiser schafft, das kann der Dichter zaubern!"

- Homologie
  Als Homologie wird eine **Äquivalenzrelation** bezeichnet, die nicht aufgrund von Merkmalen besteht, sondern aufgrund von **Beziehungen.**
  Eine Textgröße „a" verhält sich zu einer Größe „b", wie sich eine Größe „c" zu einer Größe „d" verhält.

Sekundär semantische Verfahren II

1. Rhetorik/Uneigentlichkeit

Uneigentlichkeit: z.b. Macwerbung, Menschen stellen PC und Mac dar

Rhetorik:
- Geht auf Aristoteles mit „Poetik" und Quintilian mit „De institutione oratoria" zurück
- „ars bene dicendi" = Kunst des guten Sprechens
- Wirkungsbezogene Wissenschaft: persuadere

- docere = rationale Argumentation -> logos
- delectare =emotionale Eben (sanfte Affekte) -> ethos
- movere =emotionale Ebene (heftige Affekte) -> pathos
➔ Antike/historische Rhetorik als normative Poetik

2. Aufbau einer Rede/eines Textes

1. inventio = Finden der Argumente
2. dispositio = Gliederung des Materials/Redeaufbau:
   o exordium: Einleitung
   o propositio: Darlegung des Themas
   o narratio: Erzählung
   o argumentatio: Beweisführung
   o conclusio: Schlussfolgerung
3. elocutio = Sprachliche Gestaltung des Materials:
   o Angemessenheit: aptum
   o Klarheit: claritas
   o Sprachrichtigkeit: latinitas
   o Sprachlicher Schmuck: ornatus
4. memoria = Techniken des Erlernens und Speicherns
5. actio = Vortragstechniken

Am Beispiel: Pampers-Werbung

Dispositio = Gliederung des Materials/Redeaufbau:

   o Exordium: Einleitung („Es kommt auf die richtige Windel an.")
   o Propositio: Darlegung des Themas (Pampers Boy&Girl ist die richtige Windel)
   o Narratio: Erzählung (Geschichte)
   o Argumentatio: Beweisführung („Mit Pampers ist uns das noch nie passiert.")
   o Conclusio: Schlussfolgerung („Sogar, wenn sie nass sind, sind sie schön trocken.")

   „Das sagen Mütter, die Erfahrung haben." -> Ethos

3. Tropen

Ersetzung eines eigentlichen, aber in der Rede/der Formulierung absenten Begriffs, durch einen uneigentlichen Ausdruck, der aus dem sprachlichen Kontext erkannt werden kann, da er in diesem Kontext eine Abweichung von „normaler" Rede darstellt.

Allen Tropen liegt ein Akt der Substitution (= Ersetzung) zu Grunde.

- **Metapher**
  Der eigentliche Begriff b und der ihn ersetzende Begriff a haben einen **gemeinsamen Merkmalsdurchschnitt**, das sog. tertium comparationis.

  A = gegeben, nicht eigentlich gemeint
  Tc= tertium comparationis = gemeinsame, funktionalisierte Merkmale
  B = nicht gegeben, eigentlich gemeint

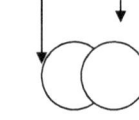

Bsp.: Alpenlüfte wälzen Steine mir vom bangen Busen sacht.

a = Steine
tc = Belastung
b = innere Qualen

Bsp.: Kaffee-Werbung

a = Faustschlag
tc = schmerzt, unangenehm
b = bitterer Kaffee

Bsp.: Esso-Werbung

a = Tiger
tc = Geschmeidigkeit, Energie
b = innere Qualen

- **Metonymie**

Der eigentliche Begriff b und der ihn ersetzende Begriff a haben keinen gemeinsamen Merkmalsdurchschnitt, berühren sich aber innerhalb eines gemeinsamen Bezugsrahmens.

Typische Beziehungen, deren Elemente in metonymischen Ausdrücken füreinander stehen können:

- Kausalbeziehung: Ursache – Wirkung
  Material – Produkt
  Produzent – Produkt

- Eigentumsbeziehung: Besitzer – Besessenes
- Semiotische Beziehung: Zeichen – Bedeutung
- Hierarchiebeziehung: Führer – Geführte
- Raumbeziehungen: Gefäß - Inhalt
                              Ort - Bewohner

Bsp.: Coca-Cola Werbung:

a = Cola-Flaschen
b = Geschichte von Coca Cola

Bsp.: Denn sieh, in deutscher Sklaven Händen rostet der Stahl.

a = Stahl
b = Schwert

- **Synekdoche**

Ersetzungsbeziehung im Rahmen einer Teil-Ganzes-Relation. Ein semantisch weiterer Term b wird durch einen semantisch engeren Term a ersetzt oder umgekehrt.

Man unterscheidet zwischen generalisierender und partikularisierender Synekdoche.

- generalisierende Synekdoche: Der eigentliche Term b wird durch eine seiner Oberklassen a ersetzt.

Bsp.: Sterbliche! Sterbliche! Lasset diss dichten! Morgen! Ach Morgen! Ach muss man hinzihn.

a = Sterbliche
b = Menschen

- partikularisierende Synekdoche: Der eigentliche Term b wird durch eine seiner Teilklassen a ersetzt.

Bsp.: Was ich Tiefstes, Zartestes empfunden,
Wär an dieses blonde Haupt gebunden.

Tropen

Tropen: Emphase

Ein eigentlich gemeinter, nicht realisierter Term b wird durch einen Term a auf die Weise ersetzt, dass eine eigentlich engere Lesart/Bedeutung von b, häufig eine kulturell hoch bewertete, durch ihre normalsprachliche Bedeutung a ausgedrückt wird.
Bsp.: Hier bin ich Mensch, hier darf ich sein.

Tropen: Periphase

Ein eigentlicher Begriff a wird durch ein z dergestalt ersetzt, dass z ein a umschreibender Ausdruckskomplex ist, der zu r Kennzeichnung von a ausreicht.
Bsp.: Der kleine Schütz hat dich besessen,
Er macht dich taub und blind im mitten der Gefahrt. = Amor
Bsp.: Jenes höhere Wesen, das wir verehren…= Gott

Tropen: Euphemismus (siehe auch Periphrase)

Ein Begriff, der (soziokulturell) tabuisiert ist, wird durch einen anderen umschreibend ersetzt und beschönigend ausgedrückt.
Bsp.: Er hat nun ausgewandert, der gute Hartknopf. = gestorben

Tropen: Hyperbel

Extreme, im wörtlichen Sinne oft unglaubwürdige oder unmögliche Übertreibung zur Darstellung des Außerordentlichen (häufig mit Mitteln oder Metaphorik).

Tropen: Anthropomorphisierung/Personifikation

Ein Ausdruck, der eigentlich Nicht-Menschliches, Unbelebtes bezeichnet, erhält menschliche Merkmale und tritt handelnd und/oder sprechend auf.
Bsp.: Mit der Hölle buhlen unsere Laster,
mit dem Himmel grollen sie.

Tropen: Allegorie (fortgesetzte Metapher/Personifikation)

Die Allegorie wird als fortgesetzte Metapher definiert: Alle Attribute einer Personifikation sind einzeln deutbar und bilden gemeinsam die Allegorie.

Tropen: Synästhesie

Zuweisung von Merkmalen aus dem Wahrnehmungsbereich eines bestimmten Sinnes an ein Objekt aus einem anderen.
Bsp.: Golden wehn die Töne nieder.

Anwendungen:

Werbung: You eat what your food eats:

- generalisierende Synekdoche: Schwein steht für alle Tiere, die gegessen werden
- Äquivalenz: Fleisch und Pillen werden gegessen und haben im Körper Konsequenzen

McDonalds Werbung: The real Milk Shake

- Hyperbel: Niemand stellt eine Kuh auf ein Trampolin
- Metonymie: Produzent-Produkt

Rhetorische Figuren im engeren Sinn:

- Anapher/Epipher
- Alliteration
- Figura ethymologica
- Parallelismus
- Hyperbaton
- Asyndeton
- Polysyndeton
- Klimax
- Pleonasmus
- Syllepse
- Semantisches Zeugma
- Aposiopese
- Parenthese
- Chiasmus
- Oxymoron
- Vergleich

Erzählen

Literatur dazu: Kindt, Tom: Erzähltheorie
Martinez, Scheffel

1. **Dimensionen des Erzählens**
   - Erzählen ist eine universale Handlung in jeder Gesellschaft
   - „Die Seele eines Volkes offenbart sich in deren Erzählungen."
   - Erzählungen repräsentieren die Mentalität einer Gesellschaft

2. **Ebenen des Erzählens**
   (Siehe Folie)

3. **Kommunikationssituation**
   (siehe Folie)

4. **Erzählebenen**
   Rahmen-und Binnenhandlung

5. **Narration**
   Ausgangssituation – Transformation – Endsituation
   Bsp.: Gemälde „Jungbrunnen"
   Bsp.: Werbung „Geschichten aus dem Paulaner Garten"
   ➜ Keine Narration, da keine Transformation

   Der Begriff Handlung umfasst alle Aktivitäten der Figuren, die sich auf der Grundlage der Diegese in einem Text ereignen und die sich als chronologische Ereignisfolge aus einem Text rekonstruieren lassen. Die Handlung ist die sujethafte (=mit Ereignissen) Textschicht.

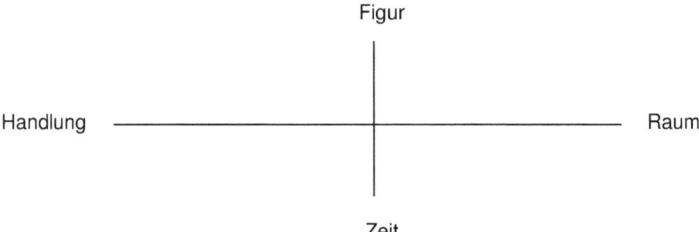

6. **Lotmans Raumtopologiemodell**
   In sekundären modellbildenden semiotischen Systemen wie literarischen Texten werden räumliche Strukturen mit semantischen Merkmalen versehen, so genannte **semantische Räume**, die in Opposition zueinander stehen.

Semantische Räume sind semantisch-ideologische
Teilsysteme einer dargestellten Welt.
Dieses Teilsystem weist eine Menge von Merkmalen
auf, die nur dieser „Raum" hat.
Diese Menge steht in Opposition zu einer anderen
Merkmalsmenge.
Zwischen den beiden Mengen befindet sich eine
Grenze.

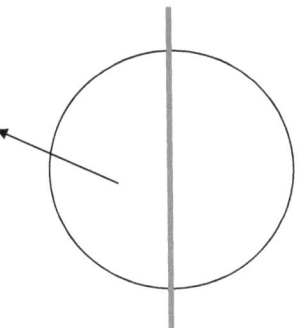

7. Lotmans Raumtopologiemodell: Kohlhiesels Töchter

Gretel	Liesel
Wohnzimmer	Kuhstall
Ordnung	Nicht-Ordnung
Schmuck/Inszenierung	Nicht-Schmuck
sozial	asozial
Kultur	Natur
Domestizierte Frau	Undomestizierte Frau

8. Lotmans Raumtopologiemodell: Konsistenzprinzip

⟶ Handlung und Problemlösung ⟶

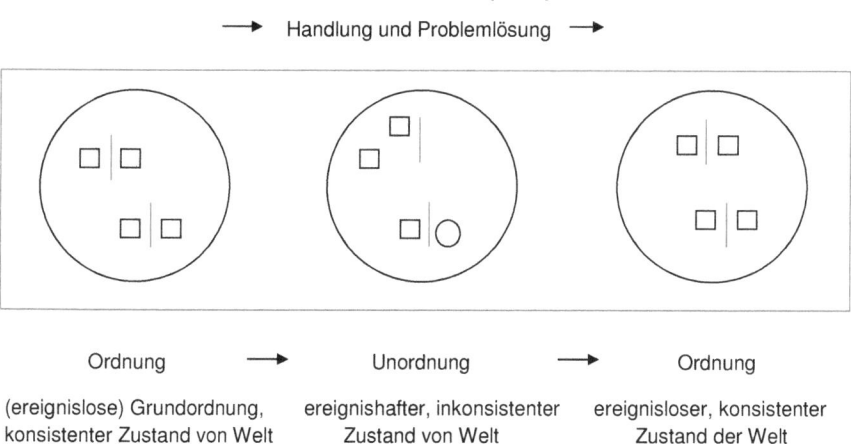

Ordnung   ⟶   Unordnung   ⟶   Ordnung

(ereignislose) Grundordnung,   ereignishafter, inkonsistenter   ereignisloser, konsistenter
konsistenter Zustand von Welt   Zustand von Welt   Zustand der Welt

16

9. Lotmans Raumtopologiemodell

- Figuren sind raumgebunden:
  Ein Ereignis findet statt, wenn eine Figur über die Grenze zwischen zwei semantischen Räumen versetzt wird.

- Eigentliche Grenzüberschreitung:
  eine Figur wird über die Grenze versetzt.

- Verlust des konstitutiven Merkmals:
  Mit der Versetzung der Figur über die Grenze geht eine Merkmalsveränderung der Figur einher.

- Metaereignis:
  Mit der Versetzung der Figur über die Grenze transformiert sich die Grundordnung der dargestellten Welt. Die Grenze wird aufgehoben und konstituiert sich neu.

- Ereignistilgung:
  Rückkehr in den Ausgangsraum.

- Aufgehen im Gegenraum:
  Verlust der eigentlichen/früheren Merkmale und Aufnahme der für den neuen Raum konstitutiven Merkmale.

- Metatilgung:
  Transformation der Welt an sich. Vormalige Grenzüberschreitungen verlieren ihren Stellenwert.

- Extremraum:
  Der Extremraum weist die semantischen Merkmale des entsprechenden Raumes kondensiert bzw. verdichtet auf.
  Die Extrempunktregel besagt, dass eine Figur nach Überschreitung der Grenze den Extremraum aufsucht.

- Beuteholerschema:
  Bei der Rückkehr in den Ausgangsraum wird ein Element des Gegenraumes mitgenommen, was die Fortsetzung der Ereignisstruktur generiert.

Medialität/Text-Bild-Beziehungen

Historie = Ebene der erzählten Geschichte, des Dargestellten

➜ Von der Oberflächenebene abstrahierte Tiefenstruktur

Discours = Ebene der Präsentation einer Geschichte

➜ Medial bedingte Oberflächenstruktur
➜ Medienspezifische Komponenten: Informationskanäle
Materiale Bedingtheiten

Medialität = Übermittlung von Information ist nur möglich aufgrund von Abstraktion.

Jedes Medium filtert die ursprgl. Information nach seiner Medialität und selegiert hinsichtlich seiner ihm zur Verfügung stehenden Informationskanäle.

Im Unterschied zur Face-to-face-Kommunikation entfallen beim Telefon etwa Mimik und Gestik, allein die Stimme bleibt.

Text = Eine Reihe von semiotischen Äußerungen, die aus einer Menge visuell wahrnehmbarer Elemente besteht.

Text-Bild-Relationen

Text-Bild:
Identifizierung:

- Generalisierung
- Abstraktion
- Zeichenhaftigkeit

Erläuterung:

- Fokussierung
- Uneigentlichkeit
- Kommentierung

Kontextualisierung

Bild-Text:
Referentialisierung

Veranschaulichung/Visualisierung

- Illustrierung

- Exemplifizierung

- Spezifizierung

Emblematik (17. Jahrhundert) besteht aus

- inscriptio (Bildüberschrift)
- pictura (Bild)
- subscriptio (Bildunterschrift)

Kulturelles Wissen – Diskurs – Denksystem

1. Denksystem:
Kulturelles Wissen ist im **Denksystem** einer Kultur organisiert und zusammengefasst. Innerhalb eines Denksystems weisen die Praktiken des Denkens und Redens in dieser Zeit und diesem Raum eine relative Konstanz ihrer fundamentalen Prämissen auf.

1. Denksysteme sind zu rekonstruieren.
2. Denksysteme umfassen auch alle Diskurse.
3. Denksystem vs. soziale/kulturelle Praxis
4. Verhältnis von Denk-und Literatursystem ist variabel.

Bsp.: Coca-Cola-Werbespot
- 2 Topologieräume: Stadt – Land
- Setting im Video: Bayern, als amerikanische Besatzungszone (Coca-Cola als amerikanisches Produkt)
- Cola als Katalysator der Kommunikation, gemeinschaftsfördernd
- 50er Jahre: Nachkriegszeit
- 4 Besatzungszonen in Deutschland,
- Schneemann erinnert an Rosinenbomber
- Deutsches Zusammensein zwar toll, aber noch besser, als das amerikanische Produkt gebracht wird
- Dem deutsche Picknickkorb ist es nicht möglich, das amerikanische Produkt zu liefern
- Warum errötet der Picknickkorb? Überhitztes Deutschland, das durch Amerika abgekühlt wird
- Ambivalenz des Kulturraums
- Daten und Wissen werden zur Analyse herangezogen -> kulturelles Wissen = externes Wissen

Bsp.: Gemälde der hl. Cäcilie
- Sieht aus, als würde sie Klavier spielen
- Paratext: Jegliche Form von zusätzlichen Texten zu einem Ursprungstext, weiterer Unterteilung in Peritext (Charakterisierungen, Regieanweisungen) und Epitext (Regisseurinterview, sehr externe Texte)
- Bildtitel = Peritext
- Patronin der Kirchenmusik, wurde als Strafe fürs Missionieren als 3. Strafe lebendig in einen Ofen eingemauert
- Konkretisierung eines Bildes oder Textes durch Heranziehen von Zusatzmaterial

- Text im kommunikativen Kontext:
  - Teil der Textbedeutung, bei dem die Semantik über virtuell gegebene Informationen geregelt ist/sein kann.
  - Einbeziehung von Daten, die nicht explizit gegeben sind, aber der Bedeutungskonstituierung zugrunde liegen (können)

- Kulturelle, referenzielle Bedeutungskomponente: Bedeutung, die sich daraus ergibt, dass sich der Text auf vor-und außertextuelle Bedeutungszusammenhänge bezieht

- Kulturelles Wissen:
  - Einbeziehung textexterner, virtuell gegebener Informationen
  - Kulturelles Wissen als theoretisches Modell, um diese Ebene beschreiben zu können
  - Kulturelles Wissen sei die Gesamtmenge der Aussagen/Propositionen, die die Mitglieder einer raumzeitlich begrenzten kulturellen/epochalen Systems für wahr halten
  - Allgemeines kW, gruppenspezifisches kW, spezialisiertes kW, konkurrierendes kW
  - kW ist Kollektivwissen, kein Individualwissen

- Diskurs
  Ein Diskurs lässt sich als System des Denkens und Argumentierens beschreiben.
  - Gemeinsamer Redegegenstand
  - Gemeinsame Regularitäten der Rede
  - Spezifische Relationen zu anderen Diskursen
  Michel Foucault:
  Die Ordnung des Diskurses

- Diskursanalyse:
  - Außertextuelle Rahmenbedingungen
  - Selbstverständnis einer Gesellschaft
  - In den Medien greifbare Diskursvernetzung
  - Verhältnis von Medien zu Diskursen

- Kulturelles Wissen:
  - Kulturelles Wissen vs. Intendiertheit
  - Zeit-und Kulturabhängigkeit kulturellen Wissens
  - Erkennen und Markieren kulturellen Wissens
  - Legitimität und Relevanz der Einbeziehung
  - Auswirkungen kulturellen Wissens auf die Interpretation

Medienwirklichkeiten

In welchem Verhältnis stehen Medien zur Realität/außermedialen Wirklichkeit?

1. **Authentizität und Fiktionalität**
Authentizitätssignale
Erlauben, dass der Vorgang auch ohne Präsenz des Mediums so abgelaufen ist, dass das Präsentierte dergestalt in der außermedialen Realität vorgefunden wurde.

Bsp.: Nanuk, der Eskimo (Dokumentarfilm)
Suchen Paradigmen aus der Realität heraus und formulieren sie anders, konstruieren dadurch eine andere Wirklichkeit
Auch beim Dokumentarfilm, der eigentlich ein Authentizitässignal setzt, tut der Film nur so als würde er die Realität wieder geben, auch Zeitgefühl wird nicht korrekt wieder gegeben

2. **Fiktionalitätssignale**
Erlauben, eine Geschichte als erfunden anzusehen.
Merkmale, die ein Medium transportieren kann, dass es nicht als authentisch wahrgenommen wird, z.B. Sci Fi

3. **Medienwelten und Wirklichkeit**
Medienwelten sind **nie** unmittelbare Wirklichkeit, sie können aber sekundär, als bewusste Strategie als solche inszeniert werden.

Bsp.: „Der Papst privat" – Dokumentation
Einblicke in die außermediale Wirklichkeit ist nie möglich. Medien können so tun, als seien sie unmittelbare Wirklichkeiten, sie können aber nie komplett wahr sein.

4. **Ideologievermittlung in den Medien**
Ideologie im Sinne eines Wertekanons, der in jedem einzelnen Text spezifisch vermittelt wird.

Bsp.: Werbung „Herdputzmittel":
Transportieren einer Bestimmten Aussage: Afrikaner sind Wilde und dämlich und die westlichen Länder sind zivilisierter.
Über jeden Text wird immer ein Werteset vermittelt.
Bsp.: Robert Koch: Der Bekämpfer des Todes (1939)
Zentrale Werte: Opferbereitschaft (NS-Ideologie)
Bsp.: Werbung Bundeswehr
Einsatz ist „cool", Krieg wird als Abenteuer angesehen

5. **Status medialer Welten**
- Jeder „Text" entwirft ein Modell (von Welt), ein „Bild" der/von Wirklichkeit, das er im Rahmen der durch seine spezifische Medialität möglichen textuellen Verfahren eigenständig inszenieren kann
- Jeder Text konstruiert damit eine je eigene Welt. Diese Welten sind stets Weltentwürfe, Vorstellungen einer wünschenswerten.

- Zunächst sind die dargestellten Welten immer erst einmal semantische Modellierungen. Ihre Realität und ihre Relevanz in dem, was sie semantisch vermitteln, kann auf unterschiedliche Weise mit unserer Wirklichkeit interagieren
- Unabhängig davon, wie ein Bezug zur Realität aussieht, kann festgehalten werden, dass sich für jede Diegese (in Texten dargestellte Welt) ein Wert-und Normensystem rekonstruieren lässt, das ihr zugrunde liegt.
- Jeder Text etabliert Ordnungen und diese können aus ihm abstrahiert werden – wie subtil oder penetrant auch immer dies im Text erscheint, wie komplex oder einfach dies strukturiert ist und wie explizit oder implizit dies verhandelt wird.

Unter Bezug auf den Begriff des **Paradigmas**, lässt sich in diesem Sinne von **Paradigmenvermittlung** sprechen.

6. Status medialer Welten
- Medien bilden aufgrund ihrer Medialität „Wirklichkeit" in einer bestimmten Weise ab und konstituieren dadurch erst „Wirklichkeit".
- Solche Weltentwürfe vermitteln Wert-und Normensysteme und sind selbst wieder Medien der kulturellen Selbstverständigung, mittels derer eine Kultur Ideologeme bestätigt und einübt, in Frage stellt oder verwirft.
- Weltmodelle können in unterschiedlichem Ausmaß einerseits mit der offiziellen Ideologie, andererseits mit den tatsächlichen sozialen Praktiken übereinstimmen bzw. von ihnen abweichen.

7. Medienkompetenz
Medienkompetenz bedeutet
- Die Fähigkeit der Rekonstruktion der jeweils vermittelten Ideologie sowie des Erkennens von Strategien, diese zu vermitteln
- Die Fähigkeit, die Bedeutung der medialen Äußerung in Beziehung zur sozialen Wirklichkeit zu stellen, ihr Verhältnis zu erkennen und damit bewusst umzugehen

➜ Im Erkennen von Konvergenz und Differenz zwischen dargestellter Welt und Realität lässt sich die Leistung von Medien für die jeweilige Kultur bestimmen und kritisch hinterfragen.